MAUD FONTENOY

W0463082

À la découverte de la PLANÈTE BLEUE

PREMIERS CASTORDOC

À Loup, Hina et Mahé.
M. F.

Conception graphique : Flammarion et Frédérique Deviller
Coordination éditoriale : Cyrielle Lodeho
Mise en page : Frédérique Deviller

© 2015, Flammarion pour la présente édition
Éditions Flammarion – 87, quai Panhard-et-Levassor – 75647 Paris Cedex 13
ISBN : 978-2-0813-3881-4

SOMMAIRE

Pour un avenir durable entre l'Homme et son environnement

Une bille bleue flottant dans l'espace, voilà ce que les spationautes voient de notre planète. Les océans représentent en effet 71 % de la surface du globe et sont depuis toujours indispensables au fonctionnement de la vie sur Terre. Plus de la moitié de l'oxygène que nous respirons est produite par les océans.
Après avoir passé la moitié de ma vie sur les mers du globe, ma volonté est de montrer combien les richesses de l'océan sont aujourd'hui à la fois menacées et non inépuisables.
Depuis mon enfance sur le voilier familial, j'ai vu les côtes subir un urbanisme pas suffisamment contrôlé, j'ai vu des déchets très loin en mer, des bouteilles, des morceaux de polystyrène au large de l'Antarctique, des nappes d'hydrocarbures à la dérive...
C'est ainsi qu'ensuite, pendant mes traversées à la rame et mon tour du monde à contre-courant puis en créant ma Fondation, j'ai décidé de consacrer mon énergie à la préservation des océans.
Pour faire évoluer la prise de conscience de chacun, j'ai choisi de m'adresser à vous : la nouvelle génération.
J'aime votre curiosité, votre sincérité, votre authenticité, votre goût pour l'innovation, votre farouche désir de sortir des sentiers battus. Oui, vous êtes de merveilleux ambassadeurs ! Ensemble, nous pouvons imaginer le monde de demain.
Dans ce documentaire, je vais vous raconter l'Eau, source de vie à la fois si précieuse, fragile et menacée.

J'aimerais que vous puissiez vous émerveiller de la beauté de notre planète et que cela vous donne envie d'en savoir encore plus, de vous engager, d'agir au quotidien pour assurer la sauvegarde de ce capital fabuleux.
Nous avons devant nous l'incroyable challenge de construire une société à la fois plus respectueuse de notre environnement et dont le développement économique permettra une vie plus juste pour tous.
Mes aventures m'ont appris que l'on pouvait réaliser des rêves bien plus grands que nous, alors : ***Ne baissons pas les bras !***
Je vous embrasse,

Maud Fontenoy

Porte-parole de la Commission Océanographique intergouvernementale de l'UNESCO et du Réseau Océan Mondial pour les océans. Vice-présidente du Conservatoire national du littoral. Membre du Conseil Économique, Social et Environnemental.

1

L'eau, source de vie

Bienvenue sur la planète Mer !

On connaît mieux la Lune que nos océans !

Dans les profondeurs des mers du globe, à plus de 2 000 mètres, se situe une région mystérieuse et difficile d'accès : les abysses. Ces fonds marins représentent 80 % de la surface des océans, mais moins de 2 % ont été explorés à ce jour. Tout reste encore à découvrir !

Un surnom venu de l'espace…

Connais-tu le surnom que l'on donne à la Terre ? On l'appelle « la planète bleue ». Il suffit de regarder une photo prise depuis l'espace, comme celle que tu peux voir ici, pour comprendre. La Terre ressemble à une énorme bille bleue perdue dans le noir. Ce joli surnom vient d'ailleurs de très haut… C'est une trouvaille des astronautes, les hommes et les femmes qui ont la chance de voyager dans l'univers et d'admirer notre planète.

Pourquoi la Terre est-elle bleue ?

À ton avis : trouve-t-on plus d'eau ou de terre ferme sur notre planète ? Réfléchis bien... Si tu as choisi l'eau, bravo ! C'est la bonne réponse.
Sur Terre, on trouve de l'eau douce et de l'eau salée. L'eau douce est celle des rivières, des fleuves, des lacs, des nappes phréatiques ou encore des glaciers. L'eau salée est celle des mers. Ce sont d'ailleurs les océans qui occupent le plus d'espace sur notre planète. Leur surface est largement supérieure à celle de la terre ferme. Voilà pourquoi la planète Terre aurait très bien pu s'appeler « planète Mer » ou « planète Océan ».

Les océans occupent 71 % de la surface du globe.
Leur profondeur atteint 11 034 mètres au niveau de la fosse des Mariannes, dans le Pacifique.

70 % de l'eau douce est emprisonnée dans les glaciers.

Qu'est-ce que le cycle de l'eau ?

L'eau présente sur notre planète voyage en permanence. Elle effectue un circuit entre la terre, les océans, les lacs, les fleuves et le ciel. Ce circuit n'est jamais interrompu. On l'appelle **le cycle de l'eau**. Découvre sur ce schéma les 6 étapes du cycle de l'eau.

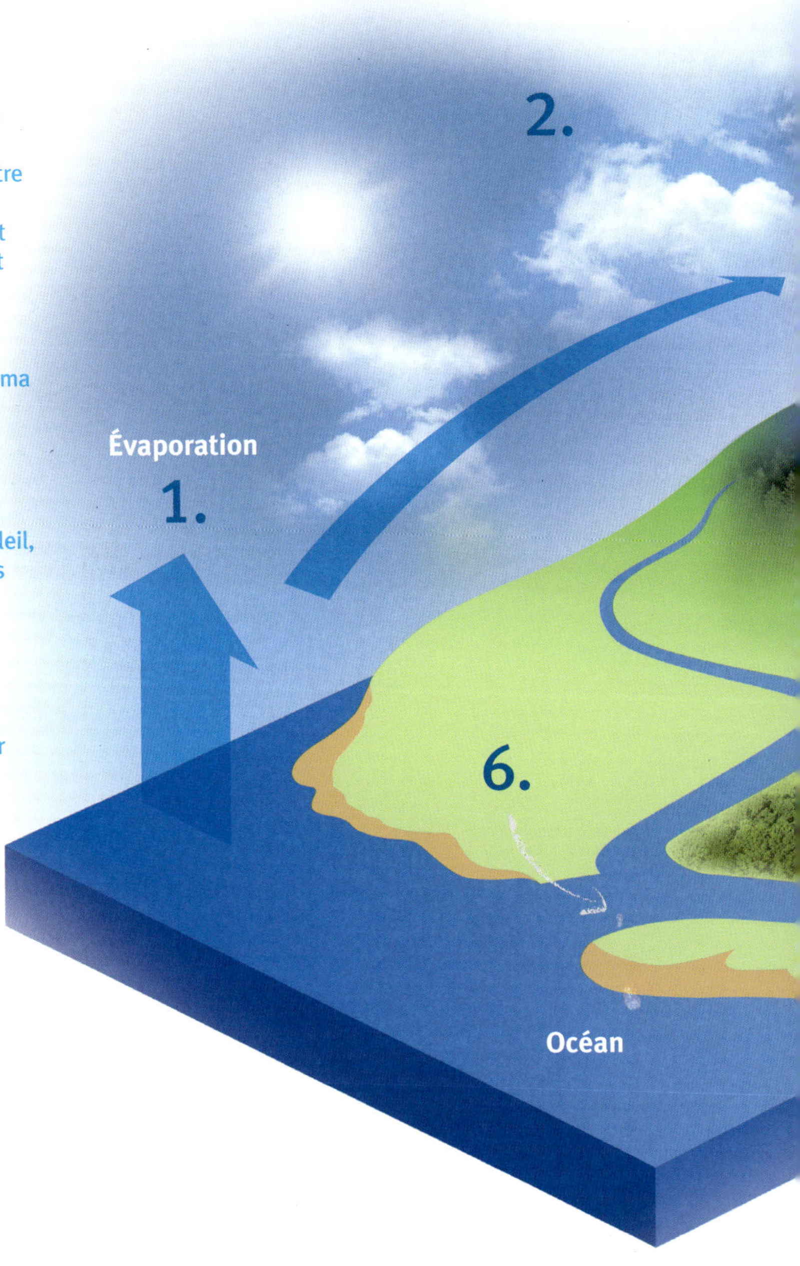

1. Chauffée par le soleil, l'eau des océans, des lacs et des fleuves s'évapore.

Mais qu'est-ce que l'évaporation ?
L'eau liquide se transforme en vapeur d'eau. Elle prend la forme d'un gaz. Elle rejoint alors l'atmosphère, la couche de gaz qui entoure notre planète.

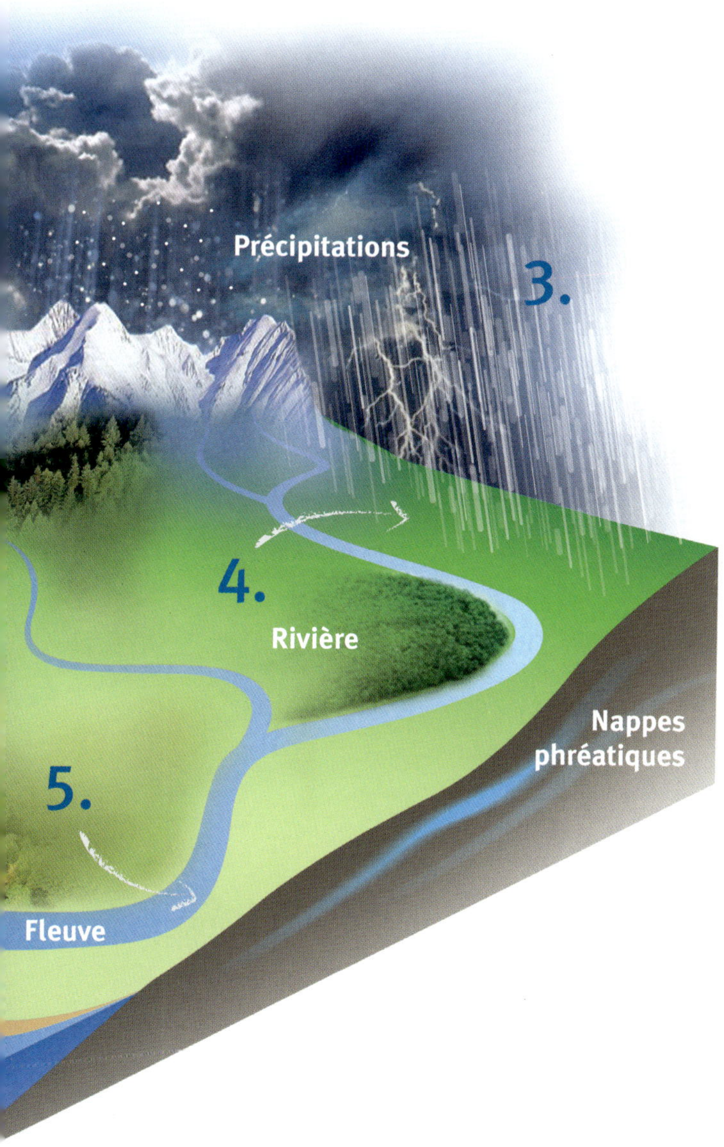

2. En s'élevant, les minuscules gouttes d'eau se regroupent et forment des nuages.

3. L'eau contenue dans les nuages retombe sur Terre sous forme de pluie ou de neige. C'est ce qu'on appelle les précipitations.

4. Une fois sur Terre, l'eau s'infiltre dans le sol et alimente les nappes phréatiques.

5. Elle rejoint ensuite les rivières et les fleuves.

6. Les fleuves se jettent dans les océans.

L'eau est revenue à son point de départ. Un nouveau cycle commence.

Les océans : des berceaux de vie

Un secteur important de notre économie

Le poisson est un met apprécié dans notre alimentation : chaque Français en consomme en moyenne 25 kg par an. Mais la pêche est aussi cruciale dans notre économie. Elle représente plus de 10 000 emplois. Notre pays est au 4e rang européen pour la pêche maritime.

Garde-manger de la planète

L'eau est à l'origine de la vie sur Terre. Les océans nous le rappellent chaque jour. Un exemple tout simple permet de comprendre pourquoi : les mers du globe sont un gigantesque garde-manger pour les Hommes. Poissons, coquillages, crustacés… Sur la planète, un être humain sur deux se nourrit des fruits de la pêche. C'est comme si dans ta classe, la moitié des élèves avaient de quoi manger uniquement grâce aux océans.

Des richesses menacées

Les hommes pêchent aujourd'hui bien plus qu'ils ne devraient. Dans le passé, la plupart des pêcheurs partaient en mer avec de petites embarcations. Ils ne prenaient que ce dont ils avaient besoin pour

La FaO, c'est l'Organisation des Nations Unies pour l'alimentation et l'agriculture.

D'après la FaO, les produits de la mer sont la principale source de protéines pour 17 % de la population mondiale et 25 % dans les pays à faibles revenus.

90 millions de tonnes de poissons sont pêchés par an.

nourrir leurs familles et les villages environnants. Mais aujourd'hui, d'énormes bateaux parcourent les océans à la recherche de poissons. Ils prennent dans leurs filets tout ce qu'ils trouvent sur leur passage. Les quantités de poissons rapportées à terre sont trop importantes par rapport à ce que la nature peut donner. On appelle cela la surpêche.
La disparition des poissons est un problème pour les océans mais aussi pour les êtres humains, les adultes comme les plus jeunes. La Convention internationale des droits de l'enfant dit que les enfants ont le droit à une alimentation suffisante et équilibrée. Mais ce droit ne peut être respecté si les moyens de se nourrir disparaissent. Les poissons en font partie. Aussi, préserver les animaux des océans, c'est préserver la possibilité de se nourrir pour des milliers d'enfants dans le monde !

Bientôt plus de poisson ?

Difficile d'imaginer la mer sans requins, sans mérous, sans sardines !
Pourtant, au rythme actuel de la pêche, des scientifiques estiment qu'il n'y aura plus de poisson dans les océans d'ici 2048… C'est déjà le cas dans certaines régions de notre planète.

Sauver les océans, c'est sauver l'Homme

Les océans nous nourrissent. Mais ce n'est pas tout... Ils apportent plus de la moitié de l'oxygène que nous respirons. La médecine trouve par ailleurs dans les mers des éléments naturels très précieux pour fabriquer des médicaments. Les courants et les vents marins nous permettent également de produire de l'électricité, sans polluer. Voilà pourquoi la vie humaine ne peut se passer des océans.

Les récifs coralliens sont des refuges pour des espèces menacées comme les tortues.

Des raisons d'espérer !

Partout dans le monde, des hommes et des femmes s'engagent pour préserver les animaux et les fonds marins. Les États-Unis ont décidé de protéger trois immenses sites au large de l'île d'Hawaï, dans l'océan Pacifique. La pêche y est par exemple interdite pour plusieurs années. Les zones protégées sont immenses : elles font la taille de la France ! Des centaines d'espèces de poissons et d'oiseaux y vivent. Les tortues aiment également venir y pondre leurs œufs.

L'eau : une ressource rare et précieuse

Près de 800 millions d'êtres humains manquent d'eau potable

L'eau potable est très facile d'accès pour les habitants des pays développés comme la France. On peut ainsi avoir tendance à oublier à quel point ce liquide est précieux. Notre planète compte plus de 7 milliards d'habitants. Malheureusement, près de 800 millions de personnes n'ont pas accès à une eau potable de qualité, c'est-à-dire une eau qui n'est pas dangereuse pour la santé. Pourtant, il y a assez d'eau sur Terre pour répondre aux besoins de tous. Mais il faut faire en sorte que tout le monde y ait accès et apprendre à l'utiliser sans gaspillage.

L'eau potable

C'est une eau qui a été traitée, purifiée, nettoyée de ses impuretés. Ainsi les Hommes peuvent la boire sans risque pour leur santé.

9 pays se partagent 60 % des ressources mondiales en eau.

Certaines régions de la planète n'ont pas la chance de recevoir des quantités suffisantes d'eau.

Le bain d'Issa

Pas même un verre d'eau !

Dans certaines régions du désert du Sahara, il pleut moins de 5 cm par an.

Issa vit dans un petit village africain du Niger. Dans sa maison, il n'y a pas d'eau. Tous les jours, sa maman doit marcher très longtemps pour aller en chercher au village. Elle en ramène juste pour boire et faire cuire les légumes. Mais pas assez pour que le petit garçon et toute sa famille puissent se laver tous les jours. En plus, le savon coûte cher ! Issa ne peut prendre un bain qu'une fois par semaine, lorsqu'il accompagne sa maman jusqu'au village. Il aimerait recommencer tous les jours ! Mais le village est trop loin et le chemin trop fatigant pour ses petites jambes.

Issa n'a pas la chance d'avoir de l'eau potable qui coule directement du robinet. Au Niger, là où il habite, moins de la moitié de la population a accès à cette ressource vitale.

Un manque d'eau potable lié à la pauvreté

Tous les pays n'ont pas la chance de recevoir les mêmes quantités d'eau. Ainsi dans certaines régions du Niger, il pleut très rarement ou en quantité insuffisante. En revanche, dans les forêts tropicales, comme en Amazonie par exemple, il pleut beaucoup plus.

Mais l'accès à l'eau potable peut aussi être rendu difficile par la pauvreté. Les installations et les équipements coûtent cher pour les populations locales qui doivent parfois payer pour en bénéficier. Par ailleurs, l'eau peut vite être polluée par les activités humaines. Il faut alors l'assainir, c'est-à-dire la rendre propre. Cet assainissement est lui aussi difficile à mettre en place lorsqu'un pays, une ville ou un village n'a pas d'argent. Des organisations comme l'Unicef ou One Drop travaillent avec les gouvernements et les communautés locales pour améliorer l'accès à l'eau et à l'assainissement.

Tous les pays n'ont pas le même accès à l'eau potable

■ Dans ces pays, l'accès à l'eau potable est très difficile (moins de 50 % d'utilisation).

■ Dans ces pays, la situation est meilleure, mais une grande partie des habitants n'a pas accès à l'eau potable (entre 50 et 75 % d'utilisation).

■ Dans ces pays, plus de 3 habitants sur 4 ont accès à l'eau potable (plus de 75 % d'utilisation).

■ Chiffres indisponibles.

Source OMS / Unicef, Programme commun de surveillance, 2010

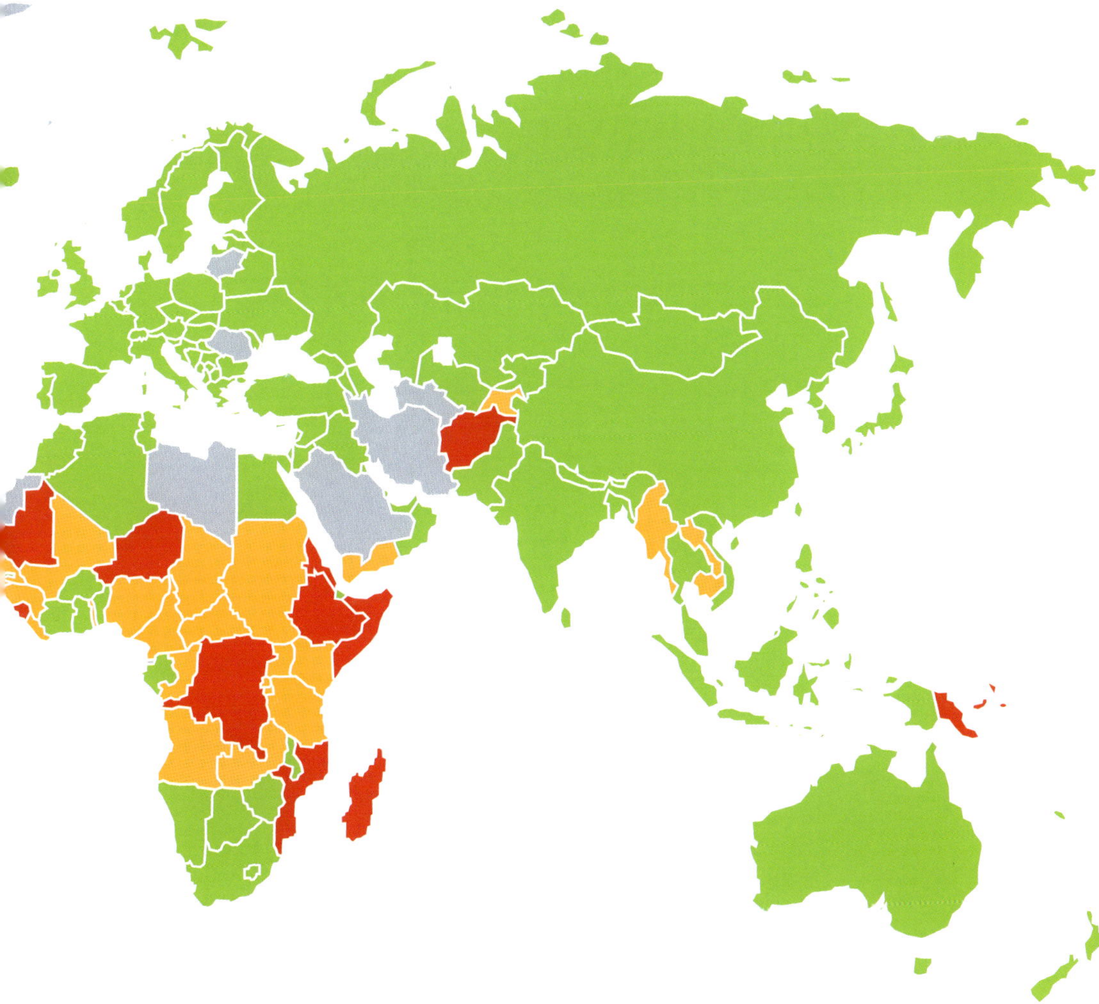

Les hommes utilisent l'eau pour toutes leurs activités

- L'agriculture et l'élevage sont les activités humaines qui consomment le plus d'eau douce.
- L'industrie en consomme également de grandes quantités.
- Le reste sert pour les usages domestiques : boire, se laver, faire la vaisselle...

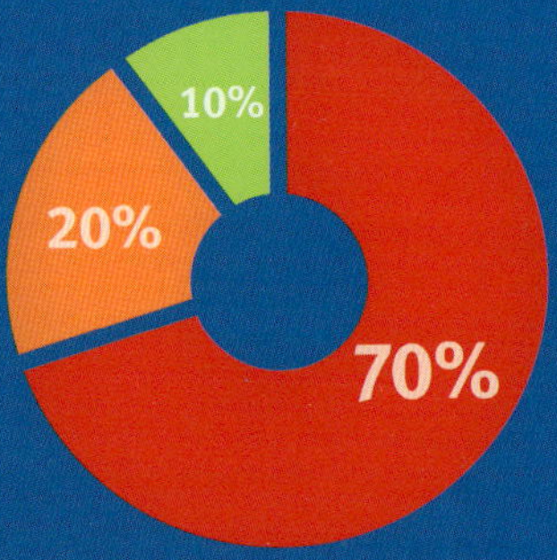

Source ONE DROP

L'eau est fondamentale pour l'Homme

La pauvreté est une cause du manque d'accès à l'eau potable. Mais l'inverse est vrai aussi : l'accès à l'eau potable est indispensable à la santé qui permet aux enfants d'aller à l'école et aux adultes de travailler. L'eau douce, qui n'est pas forcément potable, est essentielle à de nombreuses activités.
Sans elle, impossible de faire pousser les fruits et les légumes. L'agriculture en a également besoin pour l'élevage. Elle sert pour l'industrie, c'est-à-dire pour fabriquer les objets de notre vie quotidienne. Enfin, elle nous permet de produire de l'énergie comme l'électricité. Ainsi, les pays où l'accès à l'eau est difficile sont souvent pauvres parce qu'ils ne peuvent pas se développer.

Le barrage de Monteynard, une installation hydroélectrique dans la région Rhône-Alpes.

À TOI D'AGIR !

Nos océans sont en danger, mais nous pouvons agir !
Grâce à de petits gestes, chacun d'entre nous peut aider notre planète à aller mieux. Pour protéger les poissons, il suffit de bien choisir ceux que l'on mange.
Comment faire ? Propose à tes parents de ne pas acheter toujours la même espèce. Ce sera l'occasion pour toute la famille de découvrir de nouvelles saveurs et, en plus, c'est excellent pour la santé. Ensuite, comme pour les fruits et les légumes, mieux vaut manger le bon poisson à la bonne période de l'année et éviter les espèces menacées. Préfère par exemple l'églefin au cabillaud, qui se raréfie, consomme le bar en hiver, le maquereau en été…

Je partage mes connaissances avec mes parents et mes amis.

Faire connaître à tes amis et à tes parents tes découvertes sur les inégalités qui existent entre les pays de la planète : voilà un moyen de te rendre utile pour les pays où l'accès à l'eau potable est difficile. Il n'est jamais trop tôt pour en prendre conscience. Plus toi et tes amis serez sensibles à ces inégalités, plus vous deviendrez des citoyens solidaires.
Devenus adultes, vous pourrez exprimer vos choix et faire en sorte que le sort des pays pauvres soit amélioré.
Deux astuces : organise une exposition sur l'eau, porte un badge avec une goutte d'eau pour attirer l'attention. Les gens te poseront alors des questions en voyant ton badge.

2

À terre ou en mer, préservons l'eau !

Eau douce, eau salée : tout est lié !

Moins de 1 % de l'eau présente sur Terre et utilisable pour les activités humaines ! Il faut savoir que la quantité d'eau sur Terre est la même depuis toujours et pour toujours. L'eau que nous buvons date du temps des dinosaures ! Mais nous en consommons toujours davantage. Nous sommes en effet de plus en plus nombreux, et nos activités – l'agriculture, l'industrie – ont besoin de beaucoup d'eau.

Comme tu peux le voir sur ce schéma, beaucoup de nos activités polluent les lacs, les rivières et les fleuves, et cette pollution se retrouve souvent dans les océans.

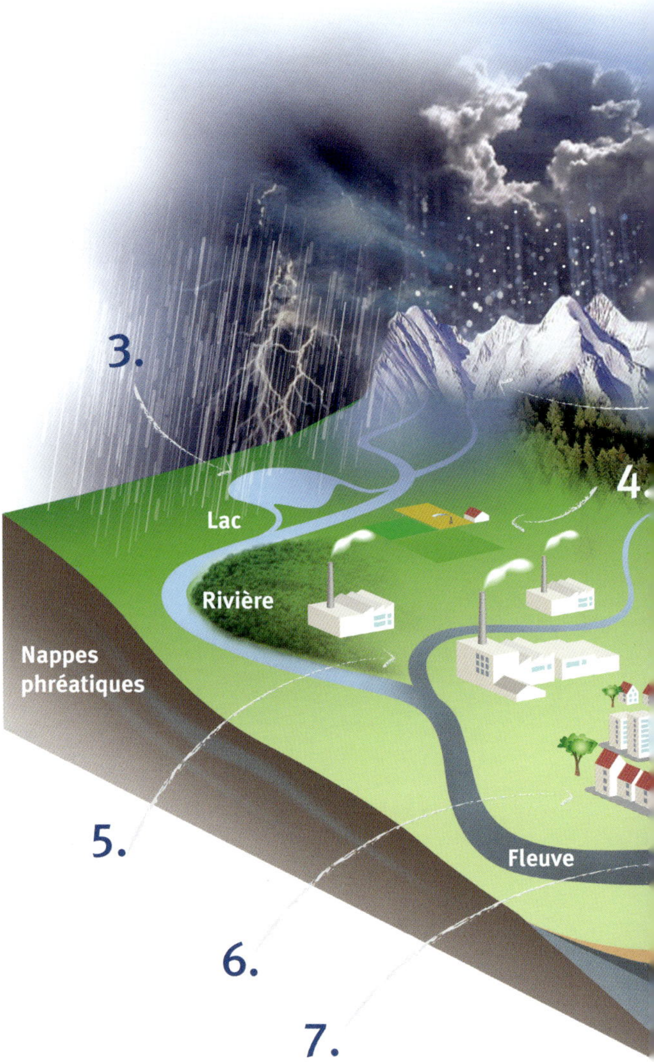

1. Les océans couvrent près des trois quarts de la surface du globe. Mais ils sont constitués d'eau salée. Cette eau ne peut pas être utilisée pour les activités humaines.

2. Une grande partie de l'eau douce est, elle aussi, impossible à utiliser pour les Hommes.

La plupart de l'eau douce présente sur Terre est emprisonnée dans les glaciers.

3. Il ne reste donc que très peu d'eau aux êtres humains pour boire, se laver, manger, cultiver... Il s'agit de l'eau des lacs, des fleuves et des nappes phréatiques.

4. C'est pour l'agriculture que les Hommes utilisent le plus d'eau douce.

5. L'industrie, c'est-à-dire la fabrication des objets de notre vie quotidienne, a elle aussi besoin de beaucoup d'eau.

6. L'eau douce est également très importante dans notre quotidien pour se laver, faire la vaisselle, laver le linge...

7. Malheureusement, les activités humaines rejettent trop souvent de l'eau polluée qui se retrouve dans les rivières, dans les lacs et dans les fleuves.

8. L'eau polluée des fleuves se jette dans les océans. La pollution qu'on trouve en mer vient ainsi en grande partie de la terre.

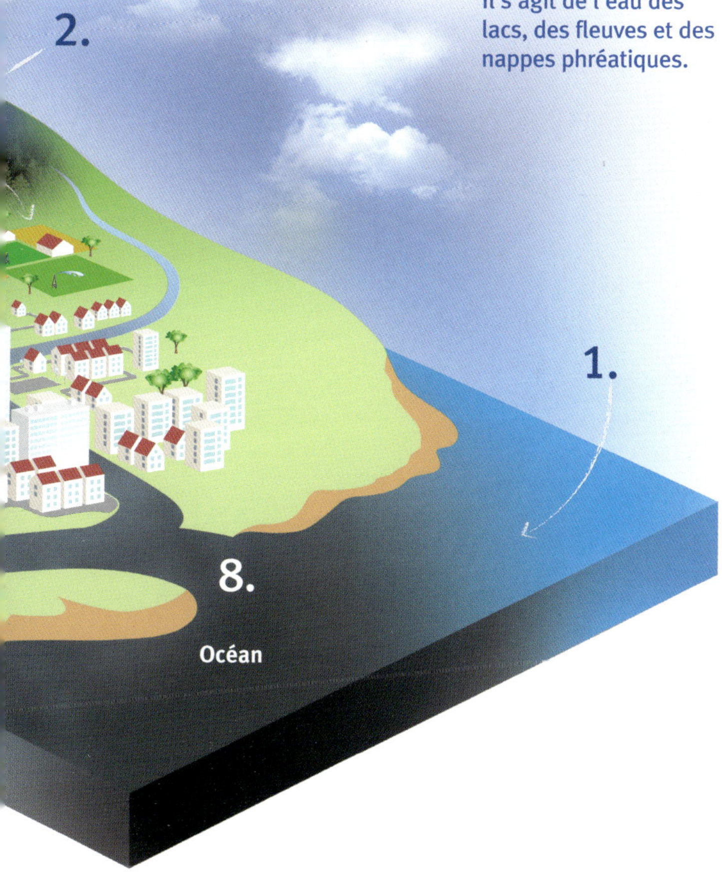

Les océans malades du plastique

Polluer à terre, c'est polluer la mer

Commençons par une devinette. À ton avis, les déchets qu'on trouve dans l'océan viennent surtout de la mer ou de la terre ?

La plupart de la pollution marine vient de la terre. Ce ne sont donc pas les marins ou les pêcheurs qui polluent le plus nos océans, mais les déchets qui viennent de nos activités, nous qui vivons sur la terre ferme.

6 millions de tonnes de déchets se déversent chaque année dans les océans !

Comment un détritus se retrouve-t-il en mer ?

Malheureusement, c'est très simple. Lorsqu'on pollue l'eau à terre, on pollue également les océans.

Replongeons-nous d'abord dans le cycle de l'eau : les rivières se jettent dans les fleuves, et les fleuves se jettent dans la mer. Maintenant, imagine une famille qui pique-nique au bord d'une rivière. À la fin de la journée, elle oublie une bouteille en plastique. À cause de la pluie et du vent, cette bouteille risque de se retrouver dans le cours d'eau. Puis, portée par le courant, elle arrivera dans un fleuve avant de finir sa course en mer.

En fait, à chaque fois qu'un déchet est jeté hors des poubelles, il y a de fortes chances qu'il se retrouve dans un cours d'eau. Et à l'arrivée, sur une plage ou en mer.

1. Une bouteille en plastique est jetée dans une rivière.

2. Portée par le courant, elle se retrouve dans un fleuve.

3. Le fleuve se jette dans l'océan. La bouteille se retrouve dans la mer.

Un déchet en plastique peut mettre plusieurs centaines d'années avant d'être détruit dans l'océan.

Une mer de plastique ?

Des déchets en mer pour longtemps !
Il faut plusieurs centaines d'années pour qu'un déchet soit détruit. Ainsi, un sac plastique ne sert en moyenne que 20 minutes… mais il lui faut 100 à 400 ans pour disparaître.

La plupart des déchets qu'on trouve dans l'océan sont en plastique. Pour les animaux marins, c'est un très grand danger. Les tortues peuvent, par exemple, confondre les sacs plastiques avec les méduses qu'elles ont l'habitude de manger. Elles risquent alors de s'étouffer.

Le plastique fait également beaucoup de mal aux mammifères comme les dauphins et tue un million d'oiseaux marins chaque année.

Nous pouvons tous aider les océans !

À tous les coups, tu l'as déjà compris : réduire nos déchets à terre est un moyen très simple pour protéger les rivières et les océans. Parmi les détritus les plus nombreux en mer, on trouve les bâtonnets de sucette ou encore les pelles et les seaux oubliés l'été sur les plages. Ainsi, si tu jettes tes déchets dans les poubelles et que tu fais attention à tes affaires quand tu vas à la mer, tu aideras les océans.

Le long voyage des déchets marins

En 2011, l'équipe de la Fondation de Maud Fontenoy a mené une mission en Antarctique. On trouve des déchets jusque sur les rives du grand continent blanc. Étonnant, car ces terres inhabitées sont à des milliers de kilomètres de toute ville. La raison ? Lorsque des déchets se retrouvent dans la mer, ils font parfois un très long voyage, portés par les courants marins. Les déchets s'y engouffrent et naviguent sur toute la surface du globe. Il faut savoir que les courants marins parcourent tous les océans et font le tour du monde. Grâce à eux, une petite goutte peut ainsi faire le tour de notre planète. Il lui faudra 1000 ans pour réaliser ce long voyage.

Le 7e continent

Une immense plaque de déchets appelée « 7e continent », de la taille de 6 fois la France, ne cesse de grandir dans l'Océan Pacifique. On y trouve 8 fois plus de plastique que de plancton !

Les courants marins

Ils sont très importants pour le climat car ils apportent de la chaleur des zones chaudes vers les zones froides du globe, par exemple du golfe du Mexique vers le nord de l'Atlantique.

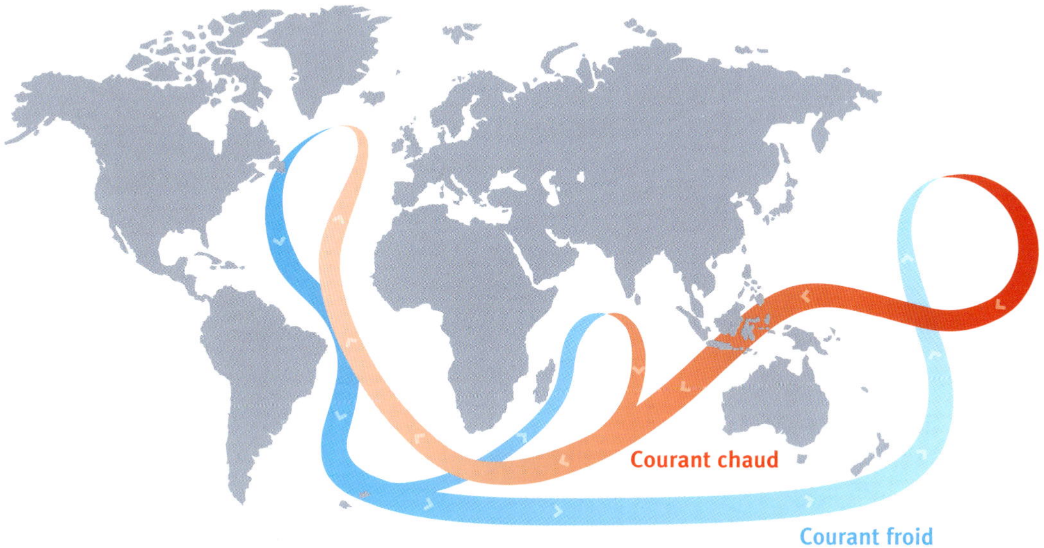

Une eau potable pour chaque enfant

100 millions d'enfants ne disposent pas du minimum vital de 20 litres d'eau potable par jour.

Quand l'eau devient dangereuse

« Dans mon pays, c'est difficile d'avoir de l'eau potable, surtout dans la région désertique des Andes. La plupart des habitants sont pauvres et nous n'avons pas beaucoup de toilettes ni d'eau potable. »

Comme Nina Parena, une fillette qui vit en Bolivie, près de 800 millions d'êtres humains n'ont pas accès à l'eau potable. Malheureusement, cela a de graves conséquences. Chaque année, l'eau insalubre fait plus de victimes que n'importe quelle guerre ou n'importe quel virus. C'est l'une des premières causes de mortalité dans le monde. De nombreuses maladies comme le choléra ou le paludisme se développent à cause de l'eau insalubre. Elles mettent en danger ceux qui la boivent et surtout les enfants.

« Mon petit frère est tombé malade parce qu' il a bu de l'eau contaminée, raconte ainsi Nina Parena. Il a des problèmes respiratoires et souffre de diarrhée. »

Plus de 2,5 milliards de personnes n'ont pas d'installations sanitaires de base.

La santé est un droit

Le droit à la santé est un droit fondamental inscrit dans la Convention internationale des droits de l'enfant. Tous les enfants devraient en bénéficier.

En France, nous sommes préservés des maladies liées à l'eau. Dans de nombreux pays en développement, assainir l'eau coûte trop cher. Par ailleurs, beaucoup d'êtres humains ne peuvent pas disposer de sanitaires en bon état (toilettes, lavabos ou robinets) qui garantissent une bonne hygiène. Un être humain sur deux n'en est pas équipé.

Des solutions existent !

Toutefois, il est possible d'empêcher les catastrophes provoquées par les maladies qui se développent à cause de l'eau insalubre. Construire des puits et des toilettes, installer des pompes à eau dans les villages, sont autant de solutions qui ont permis d'importants progrès depuis moins de 20 ans. Aujourd'hui près de 9 êtres humains sur 10 peuvent boire de l'eau sans risque pour leur santé.
Le village de Nina Parena a ainsi reçu l'aide de l'Unicef et cela a amélioré la vie des habitants.
« Mon petit frère va mieux car une infirmière s'occupe de lui, raconte la jeune fille. Je suis contente car c'est la première fois dans mon village qu'on a des toilettes ! Avant on avait l'habitude d' aller sur les collines derrière l'école. Les filles devaient aller plus haut pour être sûres que les garçons ne se moquent pas d'elles. »

Pompe à eau dans un village d'Afrique.

Apprendre les bons gestes

Le 15 octobre,
c'est la journée mondiale du lavage des mains. Dans plus de 80 pays, des activités sont proposées aux plus jeunes pour que chaque enfant prenne cette bonne habitude.

Un tout petit geste permet également de lutter contre les maladies liées à l'eau : le lavage des mains ! À lui seul, on estime qu'il permet de sauver un million d'enfants de moins de 5 ans chaque année. Le lavage des mains est très répandu dans le monde. En revanche, l'utilisation du savon l'est moins. Se laver les mains avec de l'eau et du savon est pourtant l'une des solutions les plus simples pour éviter les maladies liées à l'eau.

À TOI D'AGIR !

À la mer, que faire de mes déchets ?
Quand tu vas à la plage, adopte la bonne attitude. L'été, les poubelles sont bourrées de détritus car nous sommes très nombreux en bord de mer. Un coup de vent, et hop ! Tout ce qui déborde s'envole sur le sable et dans l'océan. Pour éviter de polluer, le plus simple est de rapporter tes déchets à la maison. Ensuite, tu pourras les trier puis les jeter dans les bonnes poubelles. Tu seras alors un parfait éco-citoyen, c'est-à-dire un citoyen qui protège la planète.

J'aide à mon niveau les enfants qui n'ont pas accès à l'eau !

Toi aussi, tu peux aider les garçons et les filles de ton âge qui n'ont pas accès à l'eau potable. Chaque année, l'Unicef organise une grande Nuit de l'eau, dans les piscines de toute la France. Le but est de collecter des fonds pour venir en aide aux enfants d'un pays en difficulté. Un acte très utile : avec moins de 2 €, on peut fournir 200 tablettes pour purifier l'eau.

3

L'eau, l'avenir de l'Homme et de notre planète !

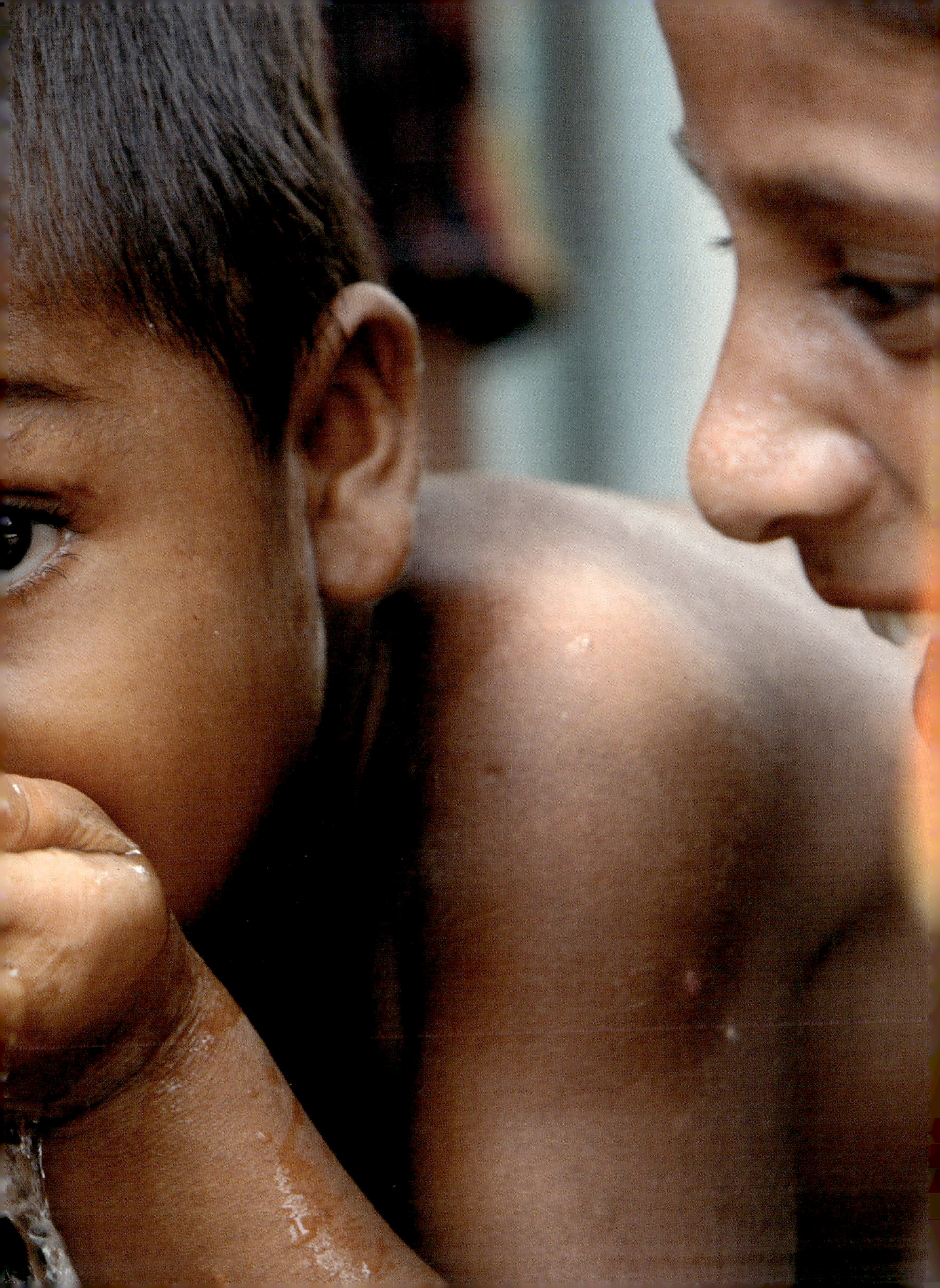

Notre planète se réchauffe !

Qu'est-ce que l'effet de serre ?

Si la vie est possible sur Terre, c'est grâce à l'effet de serre.

1. Comme tu peux le voir sur ce schéma, toute la chaleur que nous recevons vient du Soleil.
2. Lorsqu'elle arrive sur notre planète, une partie est renvoyée vers l'espace. Le reste est absorbé par la Terre et l'atmosphère.
3. C'est un ensemble de gaz, les « gaz à effet de serre », qui retient de l'énergie à la surface du globe.

Ensemble, ils forment une barrière. Ils agissent comme un couvercle qu'on poserait sur une casserole pour retenir la chaleur à l'intérieur. Ainsi, l'effet de serre est indispensable à notre survie. Sans cette barrière de gaz il ferait en moyenne - 18 °C sur Terre ! Or, grâce à lui, cette température moyenne est d'environ une quinzaine de degrés, ce qui est beaucoup plus vivable.

Toujours plus de CO_2 dans l'air !

Le dioxyde de carbone, qu'on appelle aussi CO_2, est l'un des principaux gaz à effet de serre. Il y a aujourd'hui 40 % de gaz carbonique en plus dans l'atmosphère et deux fois plus de méthane qu'il y a 200 ans.

Nous émettons trop de gaz à effet de serre

Malheureusement, à l'image des voitures, des avions, des usines, de nombreuses activités humaines émettent aujourd'hui beaucoup trop de gaz à effet de serre. Résultat : la barrière de gaz se renforce. Elle devient de plus en plus difficile à franchir pour la chaleur qui tente de quitter notre planète. Voilà pourquoi la température moyenne à la surface du globe augmente.

Les activités humaines ont donc une part importante dans le changement climatique.

1.
2.
3.

Quand la mer monte...

Sur notre planète, les 50 dernières années ont été les plus chaudes depuis 2000 ans.

Le changement climatique

La température moyenne à la surface du globe augmente : c'est le réchauffement climatique. Aujourd'hui, cette hausse s'accélère. Les températures sur Terre n'ont jamais été aussi élevées. Les prévisions les plus pessimistes affirment qu'elles pourraient augmenter de 5 à 6 degrés d'ici la fin du siècle. Le changement climatique va entraîner de nombreux bouleversements sur notre planète, dont l'un des plus spectaculaires est la hausse du niveau des océans.

De nombreuses îles risquent d'être submergées par la montée des eaux.

Les calottes glaciaires

Ce sont des accumulations de neige et de glace qui recouvrent le sommet de certaines montagnes ainsi que les régions polaires. Les calottes glaciaires sont des glaces de terre (et non de mer comme la banquise).

Les effets du réchauffement climatique sur les océans

L'augmentation des températures fait fondre les glaciers et les calottes glaciaires de l'Arctique ainsi que de nombreuses autres parties du globe. Ceci augmente énormément la quantité d'eau dans les océans. Le niveau des mers devrait monter de 20 à 60 cm d'ici à la fin du siècle. Dans plusieurs pays, l'océan risque à l'avenir de grignoter une grande partie du rivage. Ce sera sans doute le cas des îles Maldives dans le Pacifique qui, situées à une très faible hauteur, au-dessus du niveau de la mer, pourraient être submergées par la montée des eaux.

La Polynésie française : un joyau face à la montée des eaux

Le rivage

C'est la bande de terre qui borde les océans, les cours d'eau, les lacs et toutes les étendues d'eau.

Les atolls

Ce sont des îles basses, quasiment au niveau de l'océan.

Parmi les territoires directement menacés par la hausse du niveau des océans figure la Polynésie française. Ce vaste archipel est un véritable collier de perles dans le Pacifique Sud. Il compte 118 îles et ressemble à un paradis terrestre.

Dans cette région, le niveau des eaux devrait augmenter de 35 cm d'ici la fin du siècle. De nombreux rivages sont donc en danger sur les atolls polynésiens. Ils risquent d'être recouverts par l'océan. Cela pourrait réduire la taille des atolls et forcer de nombreux habitants à quitter leurs habitations en bord de mer. Dans certains pays qui connaissent le même phénomène, les populations vont même devoir fuir devant la montée des eaux et abandonner leurs maisons.

Atoll de Polynésie.

Danger pour les coraux

Le changement climatique a d'autres conséquences sur les océans. Parmi ces menaces, la destruction des coraux. Ces petits organismes sont essentiels à la vie dans les océans. Les coraux sont l'habitat idéal pour nombre de poissons et de crustacés. Ces animaux y trouvent de la nourriture et des abris pour leurs petits.

Pour être en bonne santé, les coraux ont besoin d'une eau à bonne température. Si un jour elle devient trop chaude, ils risquent de mourir. De nombreuses espèces marines seraient alors en danger et risqueraient de disparaître.

En Polynésie française, les îles sont entourées de somptueux coraux. C'est en partie grâce à eux que les eaux de cet archipel sont si riches en poissons. Les Polynésiens sont d'ailleurs nombreux à vivre de la pêche. Si le changement climatique vient à endommager les coraux, cette population risque de se trouver dans une situation difficile.

Les récifs coralliens ne représentent que 0,2 % de la surface des océans mais ils abritent 25 % des espèces marines.

20 % des coraux dans le monde ont déjà été détruits.

Améliorer l'accès à l'eau pour améliorer l'éducation

Sans accès à l'eau, difficile d'aller à l'école

Plus de 57 millions d'enfants n'ont pas la chance d'aller à l'école. Ce problème est lié en partie au manque d'accès à l'eau potable. Les enfants, chargés d'aller chercher le précieux liquide, doivent parfois marcher de longues heures pour atteindre les points d'eau et apporter la quantité nécessaire aux besoins de leurs familles. Toutefois, pendant ce temps, ils ne peuvent pas se rendre à l'école.

De l'eau à moins de 15 mn

Au Bangladesh, des études ont permis d'établir que la fréquentation scolaire augmente de 15 % quand un point d'eau est situé à moins de 15 mn à pied, plutôt qu'à une heure de marche ou davantage.

L'éducation et la santé sont liées

Le manque d'accès à une eau potable et à des installations sanitaires adéquates provoque également des problèmes d'hygiène et de santé. Les enfants courent le risque de tomber malades. En manquant l'école, leur éducation se trouve compromise. Certains réussissent toutefois à suivre leur scolarité. Mais ils rencontrent de grandes difficultés pour se concentrer et apprendre.

Le rêve de Tilalem

Tilalem Kiros, 13 ans, vit dans le nord de l'Éthiopie, un pays d'Afrique. Son rêve c'est d'être médecin lorsqu'elle sera grande. Mais elle craint que les efforts qu'elle déploie jour après jour pour trouver de l'eau ne l'en empêchent. Trois fois par semaine Tilalem et sa mère Medhin vont chercher de l'eau à la source la plus proche. Il leur faut plus d'une heure pour y aller à pied, et Tilalem – qui aide sa mère depuis qu'elle a 9 ans – est souvent trop fatiguée pour aller à l'école. Conséquence, ses résultats scolaires sont maintenant en baisse. «*Si nous ne nous levons pas tôt, l'eau sera sale. Les gens qui habitent en amont se laveront dans l'eau et la pollueront, explique Medhin. Quand il y a beaucoup de soleil, la source s'assèche, alors nous devons prendre l'eau des étangs. Mais cette eau n'est pas bonne.*»

Les filles sont les plus touchées

À l'image de Tilalem, les filles sont les premières touchées par le manque d'accès à l'éducation. Ce sont souvent elles qui sont chargées de la corvée d'eau qui prend tellement de temps : certains parents préfèrent donner la priorité aux garçons pour aller à l'école. Les filles ne sont incitées à s'y rendre que lorsque leur famille peut se passer de leur aide pour s'occuper de la maison ou travailler aux champs. Elles courent alors le risque de devoir abandonner leur scolarité.

Enfin, lorsque les écoles ne sont pas équipées de toilettes séparées pour les filles et pour les garçons, les familles refusent souvent d'y envoyer leurs filles. Elles craignent que leur intimité, leur dignité et leur sécurité soient mises en danger.

Un programme pour assainir l'eau

Dans le district d'Alwar, au Nord-Ouest de l'Inde, un programme d'assainissement de l'eau a fait progresser d'un tiers le taux de fréquentation des filles à l'école. Les résultats scolaires se sont améliorés de 25 %, que ce soit pour les filles ou pour les garçons.

Chaque enfant doit pouvoir apprendre à lire et à écrire

Le droit à l'éducation figure dans la Convention internationale des droits de l'enfant. Les pays qui l'ont signée s'engagent à tout mettre en œuvre pour que les plus jeunes puissent être scolarisés dans de bonnes conditions.

À chaque fois que l'hygiène et l'accès à l'eau potable sont améliorés, les enfants ont plus de chances d'aller à l'école. C'est ce qui s'est passé dans le village de Chinwaghari au Niger. Des pompes manuelles ou des puits ont été installés dans le village. Ils ont permis aux habitants de ne plus avoir à aller jusqu'au puits qui était loin de chez eux. Désormais, les enfants passent moins de temps à aller chercher de l'eau et ils sont beaucoup plus nombreux à aller à l'école.

Encore des progrès à faire...

Plus de la moitié des écoles au monde restent privées d'installations sanitaires.

L'eau, l'avenir de l'humanité !

Les cyclones

Ce sont des tourbillons formés par des vents très violents.

Les inondations

Ce sont des débordements des eaux des cours d'eau. Elles interviennent après de fortes pluies.

La sécheresse

C'est une absence de pluie. Le climat est très sec.

Une planète fragile

À cause du réchauffement climatique, les cyclones, les tempêtes et les inondations sont plus nombreux et plus violents. En 2008, une impressionnante tempête tropicale a frappé le Yémen, à l'ouest de l'Afrique. La population a beaucoup souffert. Les pluies et les inondations ont détruit des maisons et des cultures et fait de nombreuses victimes.

Cette tempête était la conséquence du changement climatique. Le Yémen n'en avait pas connu d'aussi destructrice depuis 600 ans. Les habitants avaient ainsi pris l'habitude de construire leurs maisons en boue séchée. Mais ces constructions n'ont pas pu résister face à la montée soudaine des eaux.

Lorsque des catastrophes de ce type ont lieu, la population se retrouve souvent privée d'accès à l'eau potable. Les secours doivent arriver vite avec une aide matérielle. Au Yémen, ils ont apporté des seaux, du savon, des serviettes et des comprimés pour purifier l'eau.

À côté des tempêtes et des inondations d'une force inhabituelle, les sécheresses deviennent elles aussi de plus en plus sévères. Cela a été le cas en 2011, dans la région qu'on appelle la Corne de l'Afrique. Les populations ont dû fuir leurs maisons car le manque d'eau rendait impossible toute culture et les privait de moyens de se nourrir. Des familles entières sont parties sur les routes. Très

vite, les acteurs humanitaires se sont mobilisés pour leur venir en aide. Des camps de réfugiés ont été installés pour les accueillir et leur apporter de quoi boire et de quoi manger.
Dans ce genre de situation, le rôle des secours est aussi de protéger les enfants, de les soigner et de leur donner la possibilité d'aller à l'école. Lorsque la planète se fragilise et que certains phénomènes deviennent dangereux pour les Hommes, il est essentiel d'apporter aux victimes l'aide dont elles ont besoin.
Par ailleurs, certaines actions des êtres humains fragilisent encore plus leur environnement.

Sécheresse au Kenya.

L'Océan et les Hommes, un lien unique

Des espèces toujours en danger !

La chasse commerciale à la baleine est interdite depuis 1986. Toutefois, on estime que 2 000 spécimens sont encore tués chaque année. Plus de la moitié le sont par les baleiniers japonais. Quant aux requins, 80 à 100 millions sont tués chaque année dans le monde, la plupart uniquement pour leurs ailerons.

Les océans sont vitaux pour les Hommes. Mais pendant trop longtemps, leurs richesses ont été utilisées sans penser au lendemain. Deux exemples nous le montrent.

Les baleines ont failli disparaître en quelques dizaines d'années seulement. Au siècle dernier, elles étaient chassées pour leur huile. On l'utilisait pour éclairer les grandes villes d'Europe ou d'Amérique du Nord. Cette chasse est désormais interdite. La situation s'améliore pour de nombreuses espèces comme les baleines à bosse. Mais il faut du temps pour réparer les blessures infligées à la nature. Et les baleines sont loin d'être sauvées.

Les requins sont eux aussi menacés. Ces prédateurs majestueux sont beaucoup trop pêchés. Or, l'océan est comme une grande chaîne de vie. Lorsqu'un maillon disparaît, tous les êtres vivants sont mis en danger. Les Hommes font partie de cette chaîne de vie. À l'Est des États-Unis, des pêcheurs l'ont compris trop tard. Ils vivaient grâce à la pêche d'un coquillage : la coquille Saint-Jacques.

Mais dans cette partie du globe, on pêchait également énormément de requins. Au fil des ans, ils ont commencé à disparaître de ces eaux. Et le plus étonnant c'est que les coquilles Saint-Jacques ont disparu elles aussi.

Pourquoi ? Les requins mangeaient des poissons qui se nourrissaient de coquilles Saint-Jacques.

N’étant plus chassés, ces poissons sont devenus de plus en plus nombreux. Ils ont donc mangé des quantités toujours plus importantes de coquilles Saint-Jacques. Au fil des ans, les hommes n’ont plus trouvé assez de coquillages pour continuer à vivre convenablement. Il leur était impossible de travailler comme avant. Une véritable catastrophe : les pêcheurs ont dû arrêter leur activité. Voilà pourquoi préserver les espèces, animales ou végétales, c’est prendre soin de chacun d’entre nous.

La Terre, un être vivant ?

Tatouage polynésien traditionnel.

Pour nombre de peuples, la Terre est un lieu sacré. En Polynésie française, les Hommes ne font pas de différence entre la mer, les rochers, les plantes, les animaux et les êtres humains. Ils considèrent que chacun est un être vivant et que nous faisons tous partie de la même famille.

La mer est également très importante dans les légendes et les croyances du Pacifique Sud où vivent les Polynésiens. Ainsi, les tortues, les dauphins, les baleines ou les raies manta sont des motifs essentiels dans l'art des tatouages. Chaque famille considère qu'un animal qui vit dans l'océan veille sur elle et la protège. Et de génération en génération, chacun représente cet animal grâce à un tatouage pour lui rendre hommage. Ainsi, lorsque les êtres humains détruisent la nature, ils font aussi disparaître de nombreuses traditions et coutumes.

Préserver notre planète

Partout dans le monde, des signes d'espoir sont en train de naître. Alors que nos océans souffrent, les peuples du Pacifique ont signé ensemble une déclaration importante. Ce texte rappelle « *qu'il existe un lien sacré entre ces peuples et la terre, le ciel et l'Océan* ». L'Océan disent-ils, « *fait partie de notre identité, de notre manière de vivre, de nos connaissances et de nos traditions* ». Il représente ce que leurs ancêtres leur ont offert. Et ce qu'ils transmettront à leur tour à leurs enfants. Les peuples du Pacifique ont appelé les Hommes à s'unir pour protéger l'Océan. « *En hommage à nos ancêtres et en faveur des générations futures.* »

À TOI D'AGIR !

Je dis STOP aux gaz à effet de serre !

Pour freiner la montée des eaux, nous devons réduire nos émissions de gaz à effet de serre. Voici quelques astuces pour y arriver : éteindre les appareils électriques plutôt que de les mettre en veille, aller à l'école à pied, à vélo ou en transport en commun. Ces gestes simples permettent d'émettre moins de CO_2, le plus connu des gaz à effet de serre. Tu peux également suggérer à tes parents de cuisiner avec un couvercle sur les casseroles et les poêles. Le couvercle conserve la chaleur. Il y a donc besoin de moins d'énergie pour cuisiner les aliments. Grâce à cela, chaque famille peut économiser entre 50 et 71 kg de CO_2 par an.

Je réduis ma consommation d'eau.

L'eau est une richesse rare et précieuse qu'il faut économiser. Lorsque tu te laves, mieux vaut prendre une douche plutôt qu'un bain. Tu consommeras ainsi 3 fois moins d'eau ! Tu peux aussi arroser les fleurs avec tes parents le soir plutôt qu'en pleine journée.
Tu éviteras ainsi que l'eau ne s'évapore trop vite à cause du soleil.
Enfin, pense bien à fermer les robinets quand tu te brosses les dents et quand tu sors de la salle de bains.

JE M'ENGAGE EN SIGNANT LA CHARTE POUR SAUVER LES OCÉANS !

Quel que soit notre âge ou l'endroit où l'on habite, nous sommes tous concernés par la protection des mers : l'Océan est l'avenir de l'Homme, protégeons-le. À travers 10 gestes simples issus de la vie de tous les jours, détaillés page suivante, tu peux toi aussi agir durablement et choisir une attitude éco-responsable.

LA CHARTE POUR SAUVER LES OCÉANS

Dans mon assiette, du poisson que du poisson : sans mercure ! J'évite les prédateurs tels que les requins, les thons et les espadons qui accumulent les métaux lourds.

Sur l'étal du poissonnier, j'apprends à reconnaître les prédateurs marins !

Au supermarché, je ne m'emballe pas pour le suremballage !

Au supermarché, je m'amuse à rechercher les produits les moins emballés !

Je consomme local : c'est moins cher, on sait d'où cela vient et en plus c'est meilleur pour la planète !

Je découvre au moins 3 poissons d'eau de mer ou d'eau douce qui vivent dans ma région.

Alors que tant de poissons sont à notre disposition, j'évite de consommer ceux qui sont en danger !

J'écris ma propre liste rouge des poissons qu'il ne faut pas manger et je la colle sur le frigo !

À la maison, je lave, oui, mais sans salir l'environnement !

Pour laver mes habits, je crée mon propre petit sac avec des noix de lavage et quelques gouttes d'huiles essentielles que je choisis avec mes parents.

À la plage : crème solaire (et non huile) et bio de préférence !

J'aide mes parents à trouver les protections solaires bio qui n'abîment pas les océans.

Une seule règle, celle des 3R : je réduis, répare et recycle !

Pour devenir un grand inventeur, je récupère du plastique que je réutilise pour inventer de nouveaux objets !

Dans la rue, sur la plage ou ailleurs je ne jette surtout pas mes mégots par terre !

Les seaux, les pelles et les bâtons de sucette abandonnés sur la plage polluent aussi les océans ! Après une journée passée à la mer, je n'oublie rien dans le sable en partant.

À la plage, je partage !

Je joue avec les coquillages, mais je les laisse ensuite sur la plage pour qu'ils servent d'abris notamment aux bernard l'hermite !

Au quotidien, je m'engage en participant à des actions de protection de l'océan !

Je deviens ambassadeur de la Fondation de Maud Fontenoy et j'agis dès maintenant pour sauver l'Océan !

La Maud Fontenoy Foundation

Alerte rouge !

Réservoir d'oxygène de la planète, garde-manger pour plus de 3,5 milliards d'êtres humains, fournisseur de solutions médicales et énergétiques...
Les océans rendent des services essentiels au bien-être des hommes et sont la machinerie qui permet la vie sur terre.
Aujourd'hui nos mers sont en danger, victimes du changement climatique et de la pollution.
Les océans sont les témoins des bouleversements dont souffre notre planète.
Voilà pourquoi il est urgent de nous mobiliser pour les protéger !

Solidarité et Biodiversité

Depuis 2008, la Fondation de Maud Fontenoy, reconnue d'utilité publique, s'engage en France comme à l'international pour préserver nos océans. Nous menons des actions d'éducation auprès de la jeune génération et du grand public avec le soutien du Ministère de l'Éducation nationale et du Ministère de l'Écologie ainsi que de la Commission Océanographique intergouvernementale de l'UNESCO et de notre comité scientifique.
Notre objectif, à la fois écologique et social : **Sauver l'Océan, c'est sauver l'Homme.**
La solidarité est la force qui permet aujourd'hui de s'unir face à cet important enjeu humain et environnemental qu'est la préservation de notre biodiversité. Dans ce cadre ambitieux, la Maud Fontenoy Foundation encourage les initiatives positives et innovantes des associations et des entreprises qui ont la volonté d'apporter elles aussi leur pierre à la construction d'un avenir préservé.

Des valeurs clefs pour sauver les océans !

« À contre-courant pour la planète : ne laissez personne vous dire que c'est impossible ! »

C'est en faisant mieux connaître et aimer notre planète que nous donnerons envie de la protéger.

Nous pensons que la meilleure façon de mobiliser le plus grand nombre autour de la protection des océans est de montrer à la jeunesse et au grand public qu'ils ont tous le pouvoir personnel d'agir pour l'avenir.

Nous fournissons les outils nécessaires à la prise de conscience et à l'éducation, et nous suscitons l'envie d'agir en transmettant la connaissance de façon positive.

Au travers de notre Charte pour les océans chacun peut s'investir dans leur sauvegarde de façon concrète en adoptant 10 éco-gestes.

Des outils pour agir

Prendre conscience → éduquer → agir.

Pour répondre à cet engagement, la Maud Fontenoy Foundation met en place des programmes éducatifs et des animations tout au long de l'année auprès de la jeunesse et plus généralement du grand public.

Elle intervient en grande proximité avec le corps enseignant de Métropole, d'Outre-mer ainsi que lors d'opérations à l'étranger. Ces actions sont menées avec le soutien de partenaires institutionnels et scientifiques qui font référence dans le domaine de l'écologie.

Pour en savoir plus et télécharger gratuitement des kits pédagogiques : www.maudfontenoyfondation.com

Maud Fontenoy Foundation

Oceans Are Humanity's Future

Les jeux

1. Le quiz !

Pourquoi dit-on que la mer est le garde-manger de l'humanité ?

a) Parce que la moitié des êtres humains se nourrit grâce à la pêche.

b) Parce qu'on peut faire de la glace avec l'eau de mer afin de conserver les aliments.

c) Parce que de nombreux pays utilisent la mer pour stocker la nourriture.

a : Les océans permettent à plus de 3 milliards d'êtres humains de se nourrir chaque jour.

Quel est le plus grand océan de notre planète ?

a) Le Pacifique.

b) L'Atlantique.

c) L'Indien.

a : l'océan Pacifique. À lui seul, il représente près du tiers de notre planète.

Où trouve-t-on le plus d'habitants sur notre planète ?

a) Dans les terres.

b) Sur les côtes.

c) En montagne.

b : 2 êtres humains sur 3 vivent au bord de la mer.

Où trouve-t-on les plus grands icebergs de notre planète ?

a) Au large du Groenland.

b) Au large de l'Antarctique.

c) Au large de l'Islande.

b : au large de l'Antarctique.

À ton avis, d'où vient la plupart de la pollution qu'on trouve dans les océans ?

a) De la mer.

b) Du ciel.

c) De la terre.

c : la plupart de la pollution qu'on trouve dans les océans vient de la terre et des activités humaines.

Quelle est la meilleure attitude à adopter avec nos déchets lorsqu'on va à la mer ?

a) Tout enfouir dans le sable.

b) Jeter nos déchets dans l'une des poubelles de la plage.

c) Rapporter nos déchets à la maison, les trier puis les jeter dans la bonne poubelle.

c : Adoptons le tri sélectif.

2. Le mot mystère !

Tu es maintenant incollable sur les problèmes liés au manque d'accès à l'eau ? Alors lis l'indice et découvre le mot mystère : je peux servir pour les activités humaines comme la culture des légumes ou le bain des enfants, mais je suis malheureusement très rare à trouver à certains endroits de la planète.

Qui suis-je ?

L'eau douce.

3. Les mots cachés

Complète la phrase suivante et entoure les mots manquants dans la grille de mots mêlés.

« Pour que chaque enfant ait droit à l'(MOT N°1), il ne faut pas qu'il fasse de longues distances pour chercher de l'(MOT N°2), chaque école doit avoir des (MOT N°3) séparées et des (MOT N°4) pour se laver les mains et avoir une bonne (MOT N°5). »

R	H	C	T	O	I	L	E	T	T	E	S
X	R	B	D	H	D	I	C	I	X	P	N
Z	F	O	X	Ç	I	Y	O	Q	P	A	L
H	E	V	B	W	E	S	H	I	Y	H	I
N	Y	D	J	I	U	J	G	H	T	G	U
E	Ç	G	U	C	N	Q	P	Y	G	Y	D
A	B	Z	I	C	Y	E	H	L	Z	Ç	Y
U	Ç	E	M	E	A	S	T	C	R	Y	C
R	R	B	N	O	N	T	Q	S	V	U	A
T	Q	F	O	K	M	E	I	N	G	Z	Z
S	M	G	G	L	H	Z	J	O	Y	O	E
O	X	Ç	Ç	O	M	P	Z	H	N	E	M

Mot n°1 : éducation / Mot n°2 : eau / Mot n°3 : toilettes / Mot n°4 : robinets / Mot n°5 : hygiène

4. La phrase cachée !

Retrouve la phrase cachée dans ce message codé en t'aidant de l'alphabet ci-dessous.

L'eau, l'avenir de l'humanité

Les infos utiles

Des sites internet

www.maudfontenoyfondation.com

Le site de la Fondation de Maud Fontenoy, pour en savoir plus sur la Charte pour sauver les océans et la signer, participer à des actions de protection des océans, connaître les missions de la Fondation, prendre conscience de l'état des mers...

www.lanuitdeleau.com

Pour tout savoir sur la grande Nuit de l'eau organisée chaque année par l'Unicef dans les piscines de toute la France.

www.reduisonsnosdechets.fr

Ce site fourmille de conseils pour réduire nos détritus et permet de s'inscrire à la Semaine Européenne de la Réduction des Déchets, un événement de sensibilisation à ce problème crucial pour l'environnement.

www.mrgoodfish.com ou www.consoglobe.com

Deux sites qui donnent des conseils pour choisir quel poisson consommer, à quelle période de l'année, quelles sont les espèces menacées... Essentiel pour protéger les ressources marines !

Des livres

- ***Les océans, un trésor à protéger,*** de **Maud Fontenoy** – Flammarion, 2015
- ***À la découverte des animaux en danger,*** de **Jean-Benoît Durand**
  «Premiers Castor Doc», Flammarion Jeunesse, 2007
- ***À la découverte de la Terre,*** de **Émeline Lebouteiller**
  «Premiers Castor Doc», Flammarion Jeunesse, 2007

Des films

- ***Océans,*** de **Jacques Perrin** et **Jacques Cluzaud,** 2010
- ***Planète Océan,*** **Yann Arthus-Bertrand** et **Michael Pitiot**, 2012

Les organisations

L'UNICEF www.unicef.fr

L'Unicef est le fonds des Nations unies pour l'enfance. Cette organisation vient en aide aux enfants les plus défavorisés partout dans le monde et surtout dans les pays les plus pauvres. L'Unicef agit pour faire respecter les droits des enfants : le droit d'être soigné, de manger suffisamment et équilibré, de boire de l'eau potable, d'être protégé contre la violence, de ne pas faire la guerre, d'aller à l'école... Ces droits sont garantis par un traité international : la Convention internationale des droits de l'enfant (CIDE).

ONE DROP www.onedrop.org

ONE DROP – un organisme sans but lucratif créé en 2007 par Guy Laliberté, fondateur du Cirque du Soleil – agit pour que tous aient accès à l'eau, aujourd'hui et pour toujours. ONE DROP améliore significativement et durablement les conditions de vie de communautés défavorisées dans le monde par l'entremise de projets novateurs qui favorisent leur autonomisation.

TE MANA O TE MOANA www.temanaotemoana.org

À travers ses activités de recherche, de conservation, de communication et d'éducation, l'association Te Mana O Te Moana, fondée en 2004, œuvre pour la protection de l'environnement marin en Polynésie française et la sensibilisation du public, en particulier les enfants.

Index

Crédits

Nous nous sommes efforcés d'attribuer correctement les copyrights des photographies utilisées à leurs ayants droit. Toutefois, si malgré toute notre attention, une erreur ou omission s'était produite, nous tenons à nous en excuser d'ores et déjà et serons heureux d'apporter la (es) corrections (s) nécessaire (s) lors d'une prochaine réédition.

Couverture : ©Tommy Schultz / Fotolia
p.4 : ©Ricardo Tinelli; p.5 : ©Michel Ismael Khelifa; pp.6-7 : ©Lee Chin Yong / Fotolia; p.8 : ©Anton Balazh / Fotolia; p.9 : ©Yann Fontenoy; p.12 : ©UNICEF/BANA2008-00880/ Mohammed Aminuzzman; p.13 : Ludovic Péron; p.14 : © Idreamphoto; p.15 : ©Anton Prado / Fotolia; p.16 : ©UNICEF/NYHQ2010-2391/Olivier Asselin; p.17 : © Cyril Petit; p.20 : ©CNRS Photothèque - David Monniaux; p.26 : ©Dr Cécile Gaspar / Te mana o te moana; p.30 : ©UNICEF/NYHQ2007-2435/Pierre Holtz; p. 31 : ©UNICEF/NYH2011-1305/Antony Njuguna; p.32 : ©UNICEF/NYHQ2010-2665/Roger LeMoyne; pp. 34-35 : ©UNICEF/INDA2010-0047/ Gurinder Osan; p.37 ©Anton Balazh / Fotolia; p.39 : © Algkalv (talk); p.40 : ©Dr Cécile Gaspar / Te mana o te moana; p. 41 : ©Mika Specta / Fotolia; p.42 : ©UNICEF/NYHQ2002-0349/Giacomo Pirozzi; p.43 : ©UNICEF/NYHQ2011-1569/Tobetu Lemma; p.44 : ©UNICEF/ NYHQ2008-1125/Christine Nesbitt; p.45 : ©UNICEF/NYHQ20058-0138/Giacomo Pirozzi; p.47 : ©Éric Isselée / Fotolia; p.49 : ©Whit Welles; p.50 : ©Nzgmw / Fotolia

La charte pour sauver les océans (pp.52-53) a été illustrée par Na – www.dessinateur.biz/blog.
Les infographies ont été réalisées par Cyril Petit.

Tous droits réservés pour les ayants droit que n'avons pas pu joindre.

À la découverte des
HOMMES PRÉHISTORIQUES

écrit par **CLARA DELPAS** et **PATRICIA CHAIROPOULOS**

Comment vivaient les premiers hommes ? Qui étaient-ils ? Une reconstitution de la vie de Cro-Magnon, notre ancêtre le plus direct, qui s'appuie sur les dernières découvertes archéologiques, pour mieux comprendre les origines de l'homme.

ISBN :
978-2-0813-0563-2

À la découverte des
GAULOIS

écrit par
EMMANUELLE FUMET

Qui étaient ces Gaulois qui ont vécu sur le territoire de la France, il y a 25 siècles ? D'où venaient-ils ? Quel était leur quotidien ? Une invitation à découvrir la vie de ces peuples de guerriers, de paysans et d'artisans.

ISBN :
978-2-0812-8710-5

À la découverte des
CHÂTEAUX FORTS

écrit par
CÉCILE MARAIS

Comment a-t-on construit les châteaux forts ? Pourquoi ces forteresses ? Étaient-elles vraiment imprenables ? Comment vivait-on à l'intérieur ? Une plongée au cœur du Moyen Âge et un aperçu de l'attaque et du siège des châteaux forts.

ISBN :
978-2-0812-8702-2

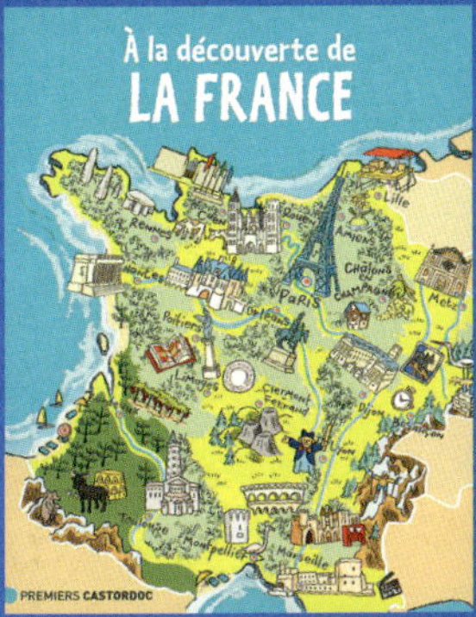

À la découverte de la FRANCE

écrit par
ESTELLE VIDARD

Qu'est-ce qui définit la France ? Son littoral qui borde la moitié du pays ? Ses terres aux quatre coins du monde ? Ses montagnes qui couvrent un quart du territoire ? Ses villes, ses villages ? Ses habitants ? Et si la France, c'était tout cela à la fois ?

ISBN :
978-2-0812-8706-8

À la découverte de la TERRE

écrit par
ÉMELINE LEBOUTEILLER

Quelle est la place de la Terre dans l'Univers ? Comment sont nés les continents ? Pourquoi notre planète subit-elle de terribles cataclysmes ? Pourquoi la Terre est-elle la seule planète où la vie s'est développée ? Un tour d'horizon de la Terre, planète bien vivante, à la fois solide et fragile.

ISBN :
978-2-0812-8707-5

À la découverte des ANIMAUX EN DANGER

écrit par
JEAN-BENOÎT DURAND

Pourquoi certains animaux ont disparu à jamais ? Pourquoi d'autres sont aujourd'hui menacés ? Comment les protéger et les sauver ? Un constat inquiétant mais aussi des bonnes nouvelles pour nous faire prendre conscience de la fragilité de l'environnement.

ISBN :
978-2-0813-0842-8

Retrouve également l'album

Les Océans, un trésor à partager

de MAUD FONTENOY

Grâce à son expérience unique des océans, Maud Fontenoy partage les trésors qu'ils recèlent et s'engage à raconter – en 10 thématiques – la véritable histoire de cette ressource, aussi précieuse que fragile.

La mer, berceau de vie / Le poumon de notre planète / L'eau, un bien rare et précieux / Un immense garde-manger / Une source infinie d'énergie ! / L'incroyable biodiversité des océans / Une source d'inspiration pour la science / Des régions polaires pleines de richesses / Au cœur des récifs coralliens / Le littoral, un lieu plein de vie !

Imprimé en Espagne par Edelvives en janvier 2015
N° d'édition : L.01EJEN001179.N001
Dépôt légal : mars 2015
Loi n°49-956 du 16 juillet 1949
sur les publications destinées à la jeunesse